北京市海淀区太平路小学校本课程

豆豆环保总动员

孙庭春 ◎ 主编

图书在版编目（CIP）数据

豆豆环保总动员/孙庭春主编. —北京：中国环境出版集团，2018.9
ISBN 978-7-5111-3799-9

Ⅰ. ①豆… Ⅱ. ①孙… Ⅲ. ①环境教育－小学－教材 Ⅳ. ①G624.61

中国版本图书馆 CIP 数据核字（2018）第 198767 号

出 版 人 武德凯
责任编辑 韩 睿
责任校对 任 丽
装帧排版 李晓宇
美术设计 北京轻舟教育咨询有限公司

出版发行 中国环境出版集团
（100062 北京市东城区广渠门内大街 16 号）
网 址：http://www.cesp.com.cn
电子邮箱：bjgl@cesp.com.cn
联系电话：010-67112765（编辑管理部）
发行热线：010-67125803，010-67113405（传真）
印 刷 北京中科印刷有限公司
经 销 各地新华书店
版 次 2018 年 9 月第 1 版
印 次 2018 年 9 月第 1 次印刷
开 本 880×1230 1/16
印 张 8
字 数 100 千字
定 价 37.50 元

编委会

序言

自工业革命以来，随着生产力水平的迅速提高，也造成了越来越严重的环境污染，导致生态被破坏。面对全球日益严重的环境问题，越来越多的有识之士意识到保护生态环境的重要性，国际社会也达成共识，1992年，联合国举办“环境与发展大会”，制定了《二十一世纪议程》，强调以“可持续发展”为导向，加强环境教育。我国在世界上率先制定了《中国21世纪议程》，同时在党的十九大报告中明确提出“生态文明建设功在当代、利在千秋。我们要牢固树立社会主义生态文明观，加快生态文明体制改革，建设美丽中国。”

北京市海淀区太平路小学以“明理 求真 爱自然”为校训，是全国第一所手拉手地球村示范学校。学校10多年来长期坚持开展垃圾回收活动，将环境教育作为学校德育的重要内容和特色活动，同时开发建设以生态环保为主题的学校特色校本课程，并编撰出版了这本《豆豆环保总动员》的校本教材。

《豆豆环保总动员》结合太平路小学20多年生态环保教育的教育教学实践经验，将生态环保知识与自然科学等多学科知识的相融合，引入项目式学习、探究式学习、活动式学习等多种方式，以小学生喜闻乐见的绘本，图文并茂地讲解环保知识，引导启发小学生积极动脑动手，开展各种环保活动，用实际行动，从小做起，改善我们的周边环境，进而产生更多保护生态、爱护地球的意识和行为。

环境保护的根本出路在教育。小学阶段，儿童的道德发展阶段正处于他律向自律迈进的时期。热爱、亲近大自然是儿童的天性，教材通过小学生平平、路路和卡通人物豆豆的视角展示了大自然被破坏的现状，让学生们直观地认识到我们现在所面临的环境危机，从情感上产生改变现状、保护环境的真诚愿望。教材还设计了养植物、和小动物交朋友等很多与环保主题实践活动，让学生在活动中增强观察能力、组织能力、动手能力、交流合作能力和探索创新能力，并在生活中身体力行，真正地将环保落实到实践当中，进而带动家庭和社会关注环保与生态环境建设。

《豆豆环保总动员》的出版，凝聚了环保专家们的智慧，也是太平路小学 20 多年来环境教育教学探索的宝贵经验的结晶，这不仅是一个学校的成果，也为广大学校开展环境教育和开发环境教育教材提供了可资借鉴的样本和范例。我们共同用实际行动让我们的家园更加美好！

环境教育功在当代，利在千秋。愿太平路小学的环境教育特色办学之路越拓越宽，愿越来越多的学校参与到环境教育中来，让我们的孩子从小树立环保意识，共同建设“青山绿水，美丽中国”！

柳斌

2018 年 8 月

编者按

自然环境是人类和其他一切生命赖以生存和发展的基础，随着生产力水平的大大提高，人类对自然环境的破坏日益严重。面对严峻的现实，国际社会达成了共识：除了制定相关法律法规来约束人类的行为，还需要通过宣传和教育提高人类的环境意识，这才是保护和改善环境重要的治本措施。因此，加强环境教育势在必行，环境教育对于改善自然环境、促进绿色发展、推动生态文明建设都具有十分重要的意义。

早在 2005 年，时任浙江省委书记的习近平同志就提出了“绿水青山就是金山银山”的科学论断。2017 年，习近平总书记在党的十九大报告中明确指出：“人与自然是生命共同体，坚持人与自然和谐共生，必须加快生态文明体制改革，必须树立和践行绿水青山就是金山银山的理念。只有这样，我们才能建设美丽中国，为人民创造良好生产生活环境，为全球生态安全作出贡献。”

建设美丽中国，人人有责。北京市海淀区太平路小学于 1997 年就率先举起了环保教育的大旗，成为团中央、原国家环保局和全国少工委“全国少年儿童‘手拉手’环保行动”中的第一所“手拉手”地球村学校。

21 年来，太平路小学将环保的种子播撒在每一个学生心田，生态环保教育成为本学校鲜明的育人特色。学校将生态环保课程作为特色课程，逐步做到了环保教育成系统、环保活动成系列，同时以《新一轮基础教育课程改革》为指引，寻求融合可持续发展和学生发展需求相结合的教与学的方式，构建了适合国家环境教育和课改要求的校本课程，并最终编撰完成了这本校本教材——《豆豆环保总动员》。

这本教材，以义务教育阶段 1 ～ 6 年级的学生为实施对象，从解决我们身边熟悉的环境问题入手，总结了学校多年来实施生态文明教育教学的经验，力求在课程的内容和形式上都有所突破。

在课程内容设计上，以小学生常见的、感兴趣的一些环境问题为切入点，通过“知识介绍—项目活动—实践拓展”层层递进的逻辑结构来设计课程内容，将知识和实践统一起来，在学中做，在做中学，知行合一，让学生更好地掌握环境知识，并培养学生的探究意识和动手能力，提升学生的核心素养。

在多学科融合上，尽量整合小学阶段各学科知识，比如计算阶梯水价，融合了数学知识；制作海水淡化装置，融合了科学知识……以此达到培养学生的知识整合能力和提升学生综合素养的目的。

在课程呈现形式上，根据小学生的审美特点，采取绘本的形式，将课程场景化、故事化，辅助学生对知识的理解和接受。教材中还设计了 4 个卡通形象：豆豆、平平、路路和老师，以他们的视角，用孩子们喜欢的对话和故事的形式来串联全书。

另外，为方便学生更直观地了解和学习课程内容，教材中还配置了跟其相配套的微课，学生通过扫描二维码就可以观看微课视频进行学习。

地球是人类共同的家园，自然界的万物与人类息息相关。习近平总书记曾反复强调：“人类对大自然的伤害最终会伤及人类自身，这是无法抗拒的规律。”所以，这本教材的现实意义，不仅在于它是学校环保教育的固化成果、为本校广大师生开展环保教育教学活动提供便利，更为我国广大小学进行环保教育和校本课程建设提供可资借鉴的案例，让我们所有的教育工作者一起努力，让环保意识根植在每个学生心中，内化于心，外显于行，一起行动起来，让我们的地球家园更加美好！

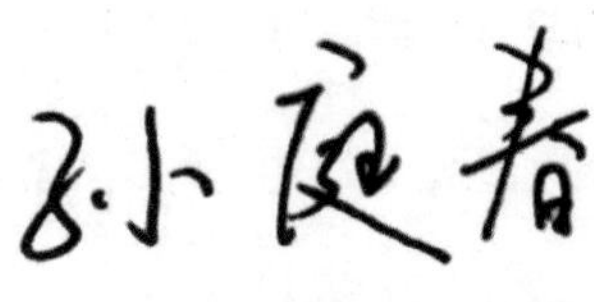

2018 年 8 月

目录

第一单元

扫码看 轻课®

环境污染对健康的影响

huan jing wu ran dui jian kang de ying xiang

豆豆的发现

空气污染太严重了，我没办法呼吸！

豆豆的环保百科

1. 什么是大气污染呢？

大气污染通常是指由于人类活动或自然过程引起某些物质进入大气中，呈现出足够的浓度，达到足够的时间，并因此危害了人类的舒适、健康和福利或环境的现象。

豆豆，你知道大气中的污染物有哪些吗？

我知道大气中有一类悬浮物，它们是危害人体的主要污染物之一，特别是小于 10 微米以下的颗粒物，如果人体鼻孔毛和呼吸道黏液不能将这些细小的悬浮物颗粒加以排除，颗粒物将直接进入人体肺泡，影响人体的健康。

我的环保笔记

同学们，大气中除了像悬浮物这样的气溶胶状态污染物外，还有一类气体状态的污染物，你们知道有哪些气体污染物呢？

1. 硫氧化合物
2. 氮氧化合物
3.
4.
5.

霾

- 灰尘粒子
- 硫酸粒子
- 硝酸粒子
- 有机碳氢化合物等粒子

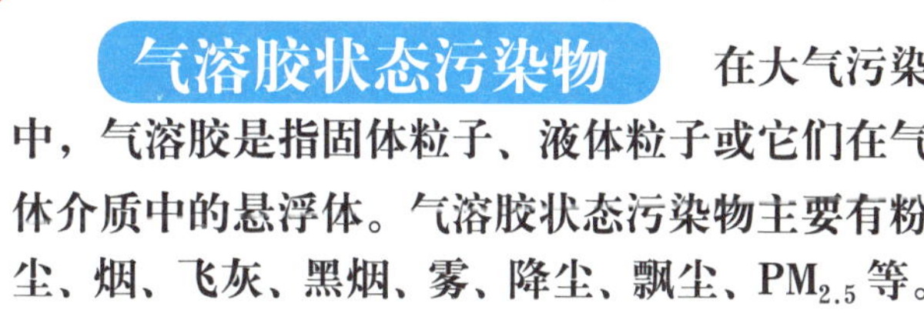

气溶胶状态污染物 在大气污染中，气溶胶是指固体粒子、液体粒子或它们在气体介质中的悬浮体。气溶胶状态污染物主要有粉尘、烟、飞灰、黑烟、雾、降尘、飘尘、$PM_{2.5}$等。

气体状态污染物 是以分子状态存在的污染物，简称气态污染物。气体状态污染物主要有以二氧化硫为主的含硫化合物，以氧化氮和二氧化氮为主的氮氧化物、有机化合物、卤素化合物等。

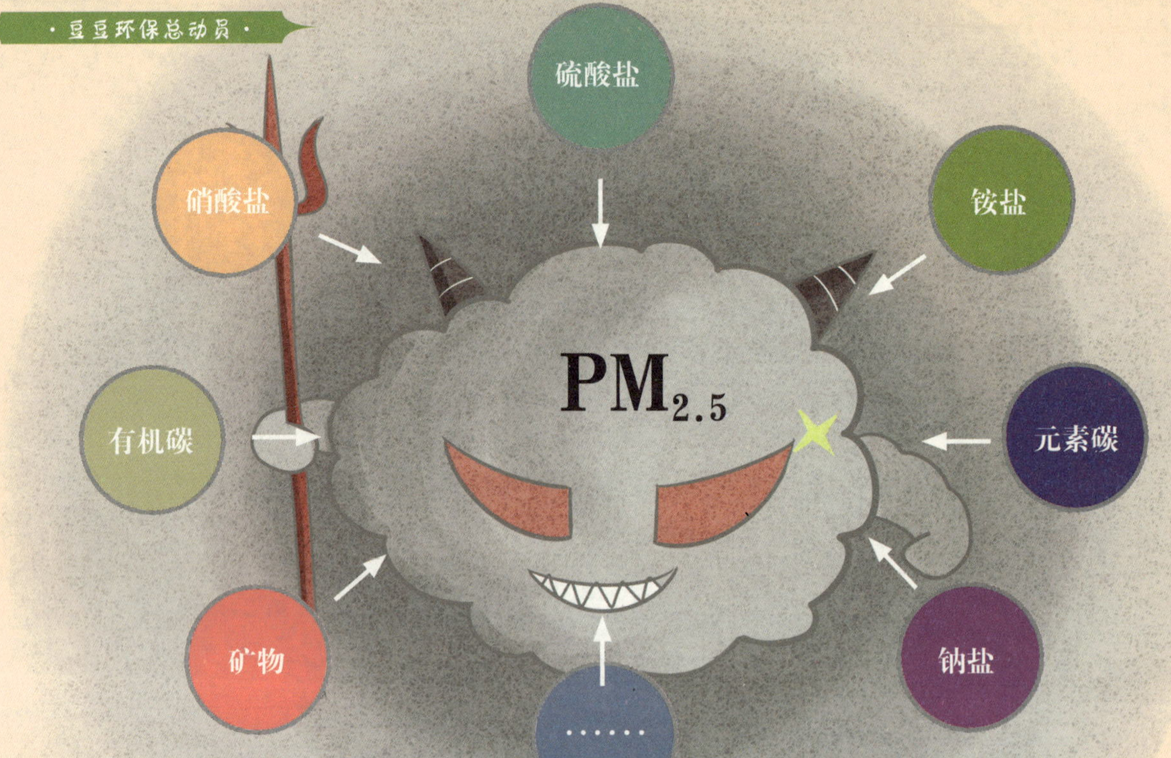

矿物：$PM_{2.5}$中的矿物成分主要是铝、硅、钙、镁、铁、钾、纳和钛等地壳元素的氧化物。

有机碳：指岩石中与有机质相关的碳元素，是碳元素的主要存在形式，为大气化学反应提供氧化剂，对光有散射作用。

硝酸盐：硝酸与金属反应形成的盐类。常见的有硝酸钠、硝酸钾、硝酸铵、硝酸钙、硝酸铅、硝酸铈等。

硫酸盐：是由硫酸根离子与其他金属离子组成的化合物，大多数溶于水。

铵盐：是由铵离子和酸根离子构成的离子化合物，一般是无色的晶体，易溶于水。

元素碳：元素碳是碳元素的主要存在形式，表面具有较好的吸附性，对可见光和红外光都可强烈吸收，是导致全球变暖的主要物质之一。

钠盐：由钠离子和酸根离子化合而成的盐类，如常见的食用盐氯化钠等，大多数钠盐易溶于水。

雾霾是雾和霾的混合物。早晚湿度大时，雾的成分多。白天湿度小时，霾占据主力。

雾霾是怎么形成的呢?

雾

雾是悬浮贴近地面的大气中的大量微小细水滴（或冰晶）的集合。

霾

霾是悬浮在大气中的大量微小尘粒、烟粒或盐粒的集合体，使空气水平能见度降低到10千米以下的一种天气现象。

我的环保笔记

雾霾的危害：

1. 引发呼吸系统疾病
2. 引发心脑血管疾病
3. 影响人的心理健康

你们还知道雾霾有什么危害吗？补充一下吧！

4. __________
5. __________
6. __________
7. __________

我的环保宣言

为了减少大气污染，我们有什么好办法呢？

1. __________
2. __________
3. __________

尽可能使用公共交通工具哟。

我的环保笔记

空气质量按照空气质量指数大小分为六级，指数越大、级别越高，说明污染越严重，对人体的健康危害也越大。

空气质量指数	0 ~ 50	51 ~ 100	101 ~ 150	151 ~ 200	201 ~ 300	>300
空气质量指数级别	一级	二级	三级	四级	五级	六级

我在天气预报里经常会听到空气污染预警的消息，为什么要发布空气污染预警呢？

根据空气质量预报结果对应的预警级别，分级采取相应的重污染应急措施，目的在于进一步减少污染排放，减缓污染程度，保护公众健康。

我的环保笔记

依据空气质量预报，同时综合考虑空气污染程度和持续时间，将空气污染由低到高分为6个预警级别，分别用绿色、黄色、橙色、红色、紫色、褐红色来标示，见下表：

AQI 数值	0 ~ 50	50 ~ 51	101 ~ 150	151 ~ 200	201 ~ 300	>300
AQI 级别	一级	二级	三级	四级	五级	六级
AQI 类别及表示颜色	优	良	轻度污染	中度污染	重度污染	严重污染
	绿色	黄色	橙色	红色	紫色	褐红色

不同的大气污染天气条件下我们该如何应对呢？

空气质量指数类别及表示颜色		对健康影响情况和建议采取的措施
优	绿色	空气基本无污染，可多参加户外活动，多呼吸新鲜空气
良	黄色	空气质量可接受，但某些污染物可能对极少数异常敏感人群健康有较弱影响，不会对人体健康产生危害，可以正常进行室外活动
轻度污染	橙色	对污染物比较敏感的人群如老人或小孩、有呼吸道疾病或者心脏病的患者要多注意，应尽量减少体力消耗大的户外活动，但对健康人群没有明显影响
中度污染	红色	进一步加剧易感人群症状，可能对健康人群心脏、呼吸系统有影响，青少年尽量避免长时间、高强度的户外锻炼，减少户外运动
重度污染	紫色	心脏病和肺病患者症状显著加剧，运动耐受力降低，健康人群普遍出现症状。应适当减少室外活动，特别是老人、小孩、呼吸道疾病和心脏病患者应该尽量留在室内
严重污染	褐红色	严重污染，所有人的健康都会受到严重危害，除特殊需要的人群外，都不要留在室外

2. “营养过剩”的土地——土壤污染！

豆豆，你知道土壤的污染物都有哪些吗？

土壤污染物，有这几类。

1. 化学污染物：如电池埋入地下，分解出的汞、镉、铅、砷等重金属；还有农作物喷洒的化学农药、化肥等。

2. 物理污染物：工厂、矿山的固体废物和工业垃圾等。

3. 生物污染物：带有各种病菌的城市垃圾和由卫生设施（包括医院）排出的废水、废物以及厩肥等。

4. 放射性污染物：主要存在于核原料开采和大气层核爆炸地区，如核工业和核电站排放的废水、废气、废渣等。

我的环保笔记

同学们，你们知道土壤的危害有哪些吗？

1. 导致农作物减产

2.

3.

4.

让土地恢复健康的办法

1.

2.

3.

4.

各种废弃物、垃圾需要分解的时间很长，所以污染物在土壤里的污染时间也很长，因此我们需要充分了解土壤污染的知识，懂得防治污染。这样我们才能有更好的土壤环境，你们说是不是呢？

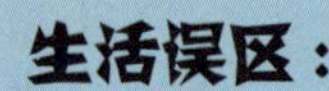

生活误区：

花生壳是难分解的，它属于其他垃圾。

“果壳瓜皮”的标识就是花生壳，它属于厨房垃圾。家里用剩的废弃食用油，目前也归类在“厨房垃圾”。

3. 严重的水污染！

豆豆，现在水环境污染很严重，你知道水污染有哪些污染源吗？

按导致水污染的人类社会活动分类，水污染源有：

1. 生活污染源主要是城市生活中使用的各种洗涤剂和污水、垃圾、粪便等。

2. 工业污染是水域的重要污染源，工业废水里面包含大量的重金属和化学有害元素，它们具有量大、面积广、成分复杂、毒性大、不易净化、难处理等特点。

3. 农业污染源包括牲畜粪便、农药、化肥等。

4. 交通运输污染源指对周围环境造成污染的交通运输设施和设备以排放洗刷废水、泄漏有害液体等方式污染水环境。

工业污染源

水污染有哪些危害？

你知道水污染有哪些危害吗？请查找资料，把你了解到的答案写下来。

1.

2.

3.

4.

最后这些污染水随地表土流入江、河、湖、海，造成藻类以及其他生物异常繁殖，从而致使水质恶化。最终会让海洋变成另一个垃圾污染场。

平平说得对！现在很多污染最终都流向了海洋，所以现在的海洋污染日益严重，海滩上的旅游垃圾、白色污染等十分严重，如果不及时清理，终将造成海洋污染，同时，这些污染水的流入，更给日益严重的海洋环境造成更为严重的污染，河内生物变异，鱼虾死亡等。

除了污水流入海洋造成污染之外，还有哪些海洋污染源呢？

1. ____________________

2. ____________________

3. ____________________

4. ____________________

• 项目一：保护环境主题班会活动

召开一次环保主题班会，讨论并分享你所知道的环保小方法，并将你要在班会上分享的小方法写在下面的横线上。

- **项目目标：**学会保护环境的一些方法，为日常的环保实践活动提供借鉴方法，提升思维能力和口才。
- **适用年级：**小学低年级

项目二：计算阶梯水价

同学们，你们知道“阶梯水价”吗？“阶梯水价”是对使用自来水实行分类计量收费和超定额累进加价制的俗称。“阶梯水价”的基本特点是用水越多，水价越贵。讨论一下为什么要实行“阶梯水价”？根据水位价格表，算一下自家的自来水费，调查一下自家属于“阶梯水价”的哪个阶梯。

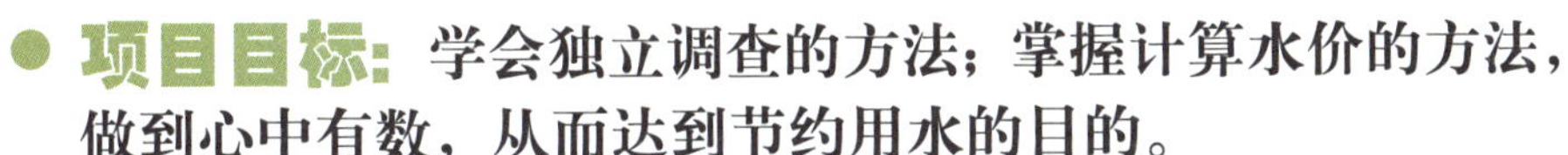

项目目标：学会独立调查的方法；掌握计算水价的方法，做到心中有数，从而达到节约用水的目的。

适用年级：小学中年级

供水类型	阶梯	户年用水量／立方米	价位／元
自来水	第一阶梯	0—180（含）	6
	第二阶梯	181—260（含）	7
	第三阶梯	260 以上	9

施行“阶梯水价”，控制用水并不是限制我们用水，更不是不让我们用水，是因为目前存在着淡水资源分布不均、浪费严重等问题，为了更好地调节水资源、增强节水环保意识，避免水资源的浪费，因此施行“阶梯水价”。根据上面的水位价格表，你能算出家里的自来水费吗?

我家的年用水量表

档水量	户年用水量	水价	自来水费
第一阶梯			
第二阶梯			
第三阶梯			

项目三：自制净化水装置

同学们，我们家里有些废水可以通过净化水装置净化再利用呢，请根据下面的步骤，自制一个净化水装置吧！

项目目标： 培养探究实践和动手能力，提升环保意识，提升知行合一的素养。

适用年级： 小学高年级

材料及工具：

塑料瓶、鹅卵石、细沙、棉花、剪刀、吸管、活性炭（木炭）

步骤：

1. 将塑料瓶子减去底部，同时在塑料盖子上钻一个孔，孔的大小与吸管的大小相匹配，备用。

2. 将纱布用剪刀剪成圆形，圆形的大小与塑料瓶子的内径相匹配，备用。

3. 在塑料瓶中填充所需物品，就完成了一个简单的净水器。使用时，将浑浊的水从瓶子的上部注入，这样，通过层层过滤，从吸管处流下来的就是清水了。

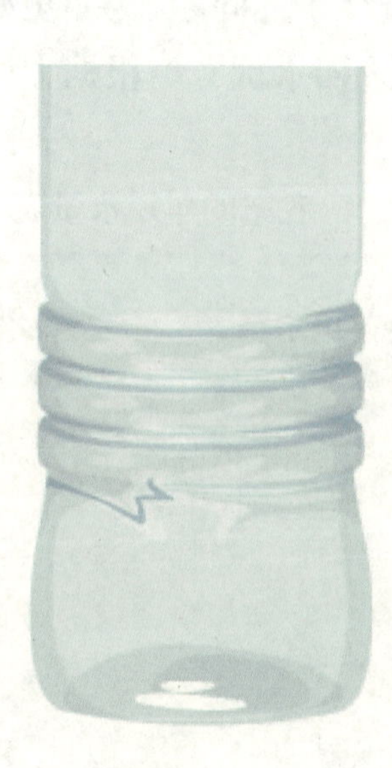

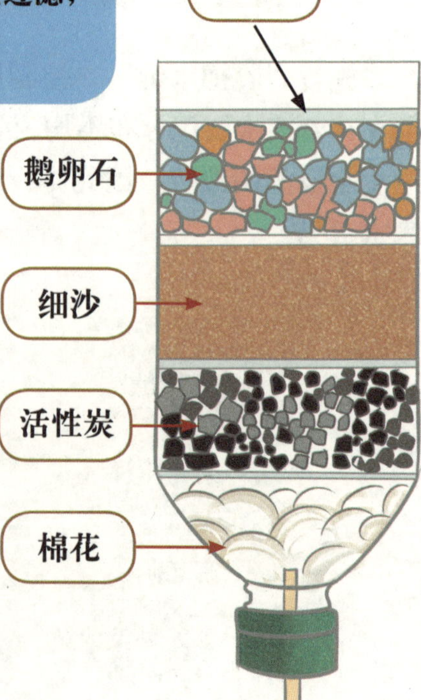

自制净水装置完成了！将你的成果拍照，展示到下面的区域哦！

为了更有效地节水、净水，提高水资源的利用率。你还能想到哪些能改进“自制净化水装置”的方法呢？将你的改进方法和设计草图在右面分享一下吧！

我的日常环保

同学们，除了上述实践活动外，你平时还参加过一些治理污染的其他环保活动吗？将你在日常中治理污染的环保行为记录下来吧！

每完成一项活动，学校要在“我的成果”照片展示区盖一个环保公章哦！

我的成果：

我的环保记录：

我的成果：

我的环保记录：

我的环保记录：

我的成果：

我的成果：

我的环保记录：

我的成果：

我的环保记录：

我的环保记录：

我的成果：

我的成果：

我的环保记录：

我的成果：

我的环保记录：

我的环保记录：

我的成果：

我的成果：

我的环保记录：

每个单元主题结束，我们都会为参与相关环保活动的同学颁奖哦！参与的活动越多，你就可能获得“环保十佳标兵”荣誉哦，下面就是我们的评价规则：

参加一个活动得一颗☆，再多参加一个活动就多得一颗☆，即2颗☆。得☆总数3颗，你就是“环保小卫士”！得☆总数6颗，你就是“环保小能手”！得☆总数8颗，你就是“环保小达人”！得☆总数10颗，你就是“环保十佳标兵”！

第二单元
扫码看轻课®
我给垃圾找个家
wo gei la ji zhao ge jia
循环利用

豆豆的发现

这么多的垃圾，快要把地球堆满了！怎么办呀？

豆豆的环保百科

1. 垃圾从哪儿来呢？我们给垃圾分分类吧！

平平，你知道垃圾从哪儿来的吗？

我知道呀。垃圾就是我们吃的剩菜剩饭，买东西用的一些包装的盒子，还有一些有用但是我们不要、丢弃的东西，这些统统都是垃圾。

平平说的是生活垃圾，还有工业垃圾和建筑垃圾。工业垃圾就是我们见到的工业上的切削碎屑、研磨碎屑、废型砂等；建筑垃圾就是在盖房子的过程中产生的渣土、弃土、弃料、余泥及其他废弃物。我们身边最多的就是生活垃圾。

工业垃圾

建筑垃圾

生活误区：

大棒骨属于厨房垃圾

事实上，大棒骨因为“难腐蚀”被列入“其他垃圾”。类似的还有玉米核、果核等，但鸡骨等则是厨房垃圾。

平平，你知道生活垃圾是怎么分类的吗？
戴上眼镜会不会显得有学问一点！
不同国家和城市的生活垃圾分类并不相同，参考我国许多城市的生活垃圾分类方式，生活垃圾大概可分为四类：可回收物、有害垃圾、厨余垃圾、其他垃圾。
其他垃圾
有害垃圾
厨余垃圾
可回收物
塑料
金属
瓶罐
电池
玻璃
纸类
织物

2. 随意堆放的垃圾有危害吗？

生活误区：

厨房垃圾装袋扔进垃圾桶

常用的塑料袋，即使是可以降解的也远比厨房垃圾更难腐蚀。此外塑料袋本身是可回收垃圾，正确做法应该是将厨房垃圾倒入垃圾桶，塑料袋另扔进“可回收垃圾”桶。

我的环保笔记

垃圾的危害：

1. 污染空气。垃圾随意堆放时间长了，到处都臭烘烘的，难闻极了，有的垃圾还会释放有害气体。你说我们呼吸着臭烘烘的空气有害处吗？

我的环保笔记

垃圾的危害：

2. 污染河流。变黑的河水，冒着气泡，散发着臭味……河边到处都是各样的垃圾。你们想想这样的环境有危害吗？

我的环保笔记

垃圾的危害：

3. 生物性污染。蚊子、苍蝇和蟑螂在垃圾堆上嗡嗡乱飞，成群结队，繁衍生殖……

平平说得对，这是一些我们能看到的危害，还有一些潜在的危害，比如，垃圾随意堆放侵占了我们大量的土地，而且在堆积过程中会产生甲烷气体，容易引发爆炸事故。所以垃圾随意堆放有这么多危害，我们一定要掌握正确处理垃圾的方法！

3. 科学处理垃圾的方法有哪些呢？

我们周围的垃圾越来越多，平平你有哪些处理垃圾的好办法呢？

我知道有三种处理垃圾的方法：1. 综合利用。我们把垃圾分分类，选择有用的垃圾，把这些有用的垃圾集中处理，回收它们的物质和能量，就是综合利用。垃圾综合利用，实现了集中、专业、无害化同时再次利用的目的，它是一种科学的垃圾处理方法。

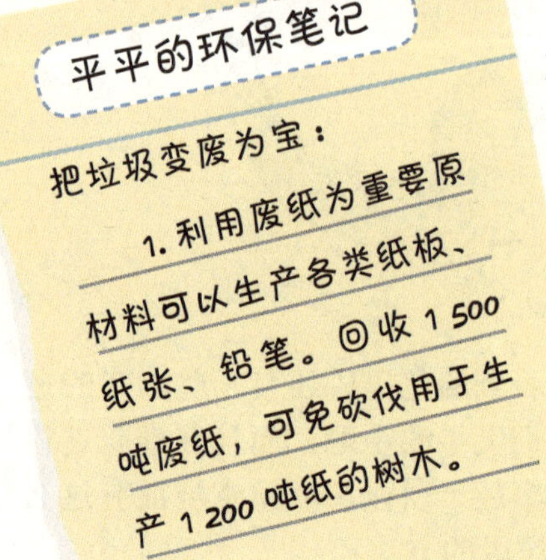

平平的环保笔记

把垃圾变废为宝：

1. 利用废纸为重要原材料可以生产各类纸板、纸张、铅笔。回收 1 500 吨废纸，可免砍伐用于生产 1 200 吨纸的树木。

平平的环保笔记

把垃圾变废为宝：

2. 一吨易拉罐熔化后能结成一吨好的铝块，可少采 20 吨铝矿。

2. 卫生填埋。我们先建造一个垃圾填埋场，在底层铺上一种防止垃圾渗漏的衬层（黏土层或高密度聚乙烯材料），防止垃圾污染地下水，同时将垃圾分层填埋，填埋压实后在顶层覆盖土层。这就是卫生填埋。卫生填埋是一种无害化垃圾处理方法。卫生填埋场一般由防渗膜、拦坝、库区以及污水调节池、污水处理厂等部分组成。

平平的环保笔记

卫生填埋场的底层铺设了防渗膜，侧壁也要防挤压，库区里有砾石层，就像一个筛子，挡住垃圾中的固体部分，防止它们堵塞污水管网，而垃圾渗滤液则顺畅地进入到污水收集管网。

3. 焚烧发电。将垃圾通过一定的方法焚烧，收集垃圾焚烧时的电能、热能等，这样就实现垃圾的再次利用了，这就是我们说的焚烧发电。

垃圾焚烧有什么好处呢？

1. 垃圾焚烧处理后，高温消毒，可将有害物质转化无害物。

2. 垃圾经焚烧处理后，形成了稳定的残渣，便于填埋，节省用地。

3. 垃圾焚烧处理时，可利用其产生的热能发电。

平平说得太好了！这三种方法是国内外处理垃圾最常采用的方法。综合利用是最好的处理方法。卫生填埋和焚烧发电如果操作不当，就有可能造成二次污染。所以我们要倡导将垃圾回收利用，既能节约资源，又能减少污染，一举两得。豆豆，你明白了吗？
供电
蒸汽发电
烟气处理
炉渣综合利用

4. 回收利用与再生循环。

可是这些垃圾是怎么回到我们身边的？

垃圾回到我们身边有两个办法：

1. 循环利用。垃圾的循环利用是指我们将生活中的一些能再次利用的垃圾进行再创意，比如废塑料瓶做成创意花瓶，将牛仔裤做成沙发套等。

2. “回炉再造”。我们将一些不能直接利用的垃圾进行回收，经过消毒加工形成再生品。这样它们就能回到我们身边了。

所有的垃圾都可以回收吗？

不是所有的垃圾都可以回收的。可回收的垃圾说明它还有别的用处。这些可回收的垃圾主要包括：纸类，如报纸、纸盒等；塑料类，如各种塑料袋、塑料瓶、泡沫塑料等；金属类，如易拉罐、废电池等；玻璃类，包括各种玻璃瓶、碎玻璃片、镜子、灯泡等；织物类，旧纺织衣物和纺织制品。它们经过一定的加工，还能重新被我们利用。那些不能重新被我们利用的垃圾就是不能回收的，豆豆，你明白了吗？

项目一：做一做垃圾分类

同学们，垃圾分类对于环境保护意义非常重大哦！请你和家长一起查找家庭垃圾分类的知识和方法，按你查找到的分类方法对家庭垃圾进行分类。

- **项目目标：** 学会对垃圾进行分类存放，增强动手实践能力和环保意识。
- **适用年级：** 小学低年级

说说的你的分类方法：

____

____

老师点评：

____

____

把你的垃圾分类成果图片展示在这里吧！

● 项目二：参观垃圾焚烧厂

同学们，垃圾焚烧处理是国际上使用比较普遍的一种垃圾处理方法，你知道垃圾焚烧厂是如何处理垃圾的吗？我们一起去参观垃圾焚烧厂吧，下面的表格是你们参观时的任务哦，参观后完成表格的填写。

● **项目目标：** 了解垃圾焚烧厂焚烧垃圾的过程，思考垃圾焚烧这种垃圾处理方式的利弊，对垃圾焚烧提出自己的见解。

● **适用年级：** 小学中年级

参观人		参观时间	
参观地点			
垃圾焚烧步骤			
你的收获与建议			

项目三：手工 DIY 鞋柜

同学们，想不想给你的鞋子找个家？很简单，跟着下面的步骤，利用一些废旧材料，手工 DIY 一个鞋柜吧！

项目目标： 学会动手设计鞋柜，提升动手实践和创新能力。

适用年级： 小学高年级

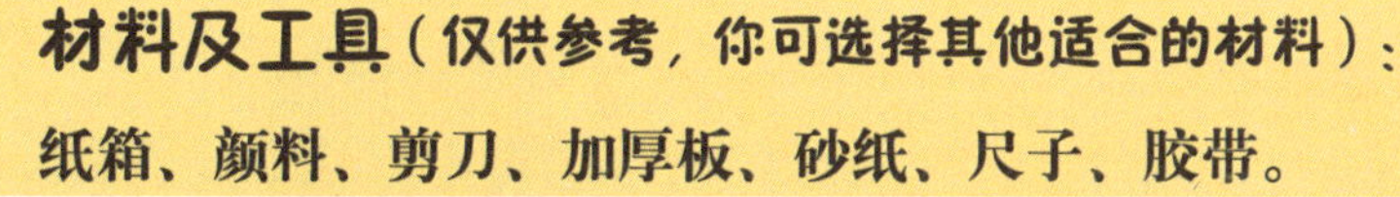

材料及工具（仅供参考，你可选择其他适合的材料）：

纸箱、颜料、剪刀、加厚板、砂纸、尺子、胶带。

步骤（仅供参考，可根据你的创意自己设计哦）：

1. 首先用尺子量好尺寸，用剪刀剪出一个柜框，如图所示。
2. 然后在画纸上涂上自己喜欢的颜色，用胶带粘上即可。
3. 将三边用胶带粘在一起。
4. 然后用尺子测量好尺寸，将一块大的纸板剪成和底部一样大小的顶盖。
5. 用同样的方法做几个用剪刀粘好叠上，鞋柜的大体形状就出来了。
6. 如果想要更耐用，就用一个加厚板加固。边缘用砂纸打磨光滑，再将外层贴上，最后贴上自己喜欢的画纸就可以了。

你准备如何制作鞋柜，说说你的创意吧！

____

____

____

____

____

将你设计的鞋柜图片展示在这里吧！

同学们，除了上述实践活动外，你们平时还参加过一些科学处理垃圾的其他环保活动吗？将你在日常中科学处理垃圾的行为记录下来吧！

每完成一项活动，学校要在“我的成果”照片展示区盖一个环保公章哦！

我的成果：

我的环保记录：

我的成果：

我的环保记录：

我的环保记录：

我的成果：

我的成果：

我的环保记录：

我的成果：

我的环保记录：

我的环保记录：

我的成果：

我的成果：

我的环保记录：

我的成果：

我的环保记录：

____

____

____

____

____

我的环保记录：

____

____

____

____

____

我的成果：

我的成果：

我的环保记录：

____

____

____

____

____

每个单元主题结束，我们都会为参与相关环保活动的同学颁奖哦！参与的活动越多，你就可能获得“环保十佳标兵”荣誉哦，下面就是我们的评价规则：

参加一个活动得一颗☆，再多参加一个活动就多得一颗☆，即2颗☆。得☆总数3颗，你就是“环保小卫士”！得☆总数6颗，你就是“环保小能手”！得☆总数8颗，你就是“环保小达人”！得☆总数10颗，你就是“环保十佳标兵”！

环保十佳标兵

环保小达人

环保小能手

环保小卫士

第三单元
我爱低碳
wo ai di tan
绿色生活
lv se sheng huo
扫码看轻课®
勤俭节约

豆豆的发现

我要拯救地球，让地球充满生机：植物生长繁茂，不再被肆意砍伐、破坏；动物和谐共存，不再担忧失去家园、濒临灭绝；河流变得清澈，不再干涸；沙漠得到控制，风沙不再肆虐……

我的环保笔记

中国是一个水资源短缺、水灾害频繁的国家，而且水资源污染也很严重。

同学们，你知道我们的水资源为什么这么短缺吗？

水资源总量（亿立方米）

巴西	俄罗斯	美国	加拿大	印度尼西亚	中国
69 500	65 400	30 560	29 114	28 113	28 000

1. 水资源是取之不尽用之不竭的吗？

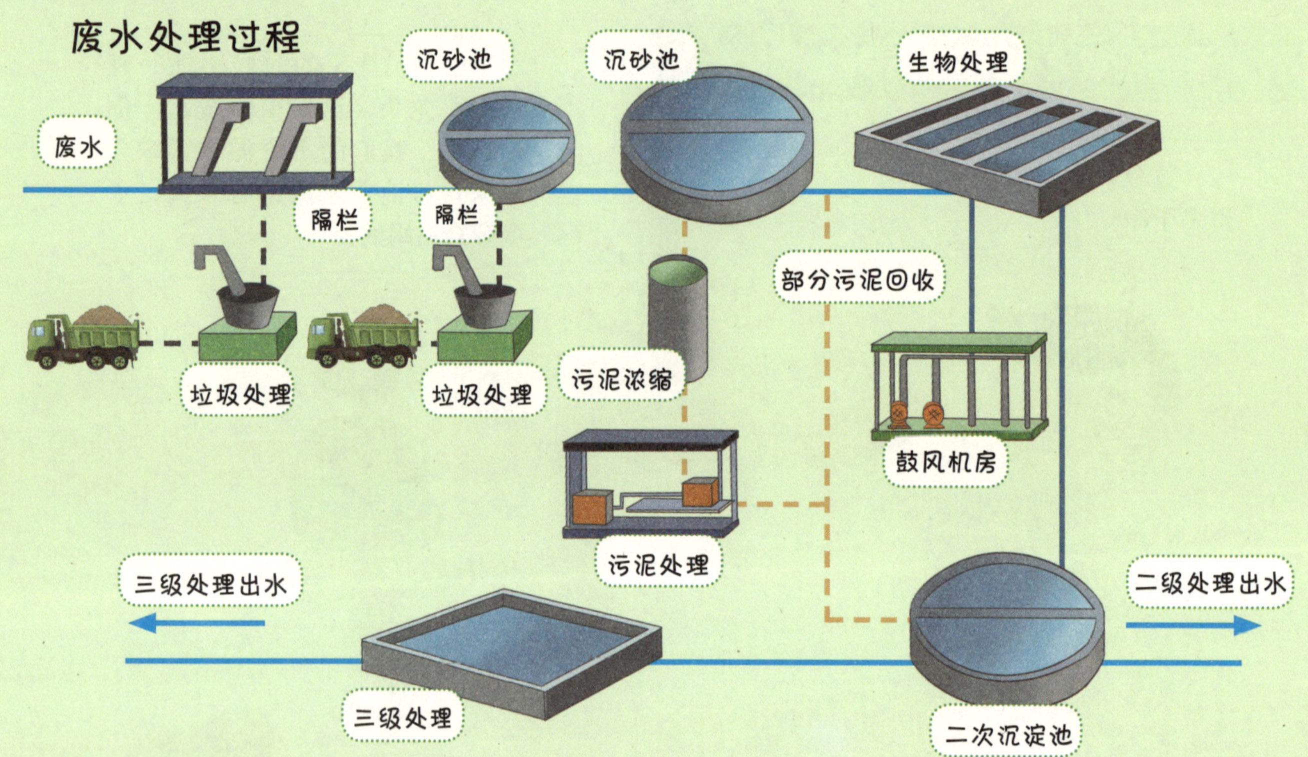

我的环保笔记

海水淡化的方法：

1. 蒸馏。让盐分留下，水蒸气凝结成水；

2. 冻结。让咸水结冰，盐和冰分离开来；

3. 反渗透。让咸水在巨大的压力下通过特殊的膜，留下盐；

4. 离子分离；

5. 化学法。

我的环保笔记

你能把废水处理的过程写下来吗？

1.

2.

3.

4.

5.

海水淡化原来要这么多步骤。

雨水和海水我们都没办法直接饮用，需要多次加工才能再次使用。雨水即使加工处理后也不能饮用，只能用于厕所中水系统、城市绿化以及河流生态水等。而海水又苦又涩，难以入口，也是不能直接用于生产生活，海水必须费时费力进行淡化处理。所以我们的水资源不是取之不尽用之不竭的，我们要珍惜我们的淡水资源，珍惜每一滴水！

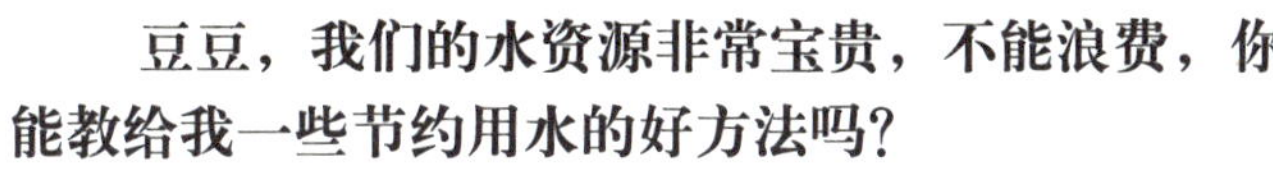

豆豆的节水小妙招：

1. 一水多用。

如：用淘米后的水洗菜，洗完菜的水可用来洗拖布，拖完地的水可以冲马桶。

2. 节流缩源。

如：洗漱时，不要让水龙头开得太大，用完后关好水龙头，建议在水龙头下放一个盆或桶，将洗漱用过的水保留下来以作他用。

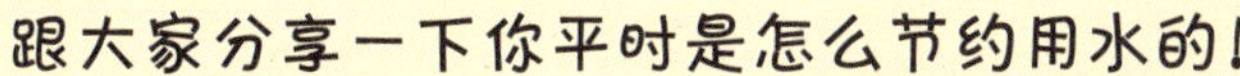

2. 电是从天上来的吗？

豆豆，电是从天上来的吗？你看闪电就是从天上来的。

富兰克林做了多次实验，并首次提出了电流的概念，1752年，他在一个风筝实验中，将系上钥匙的风筝用金属线放到云层中，被雨淋湿的金属线将空中的闪电引到手指与钥匙之间，证明了空中的闪电与地面上的电是同一回事。

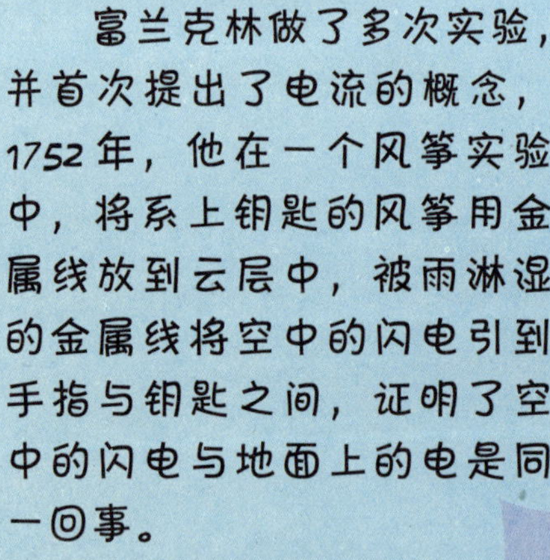

电是能源转化来的，不是从天上来的哦！

闪电也是一种电，但是我们没办法收集利用，我们生活中用的电是指利用动力发电装置将水能、化石燃料（煤、油、天然气）的热能、核能等原始能源转换为电能的生产过程，用来供应人们生活生产所需。现在发电依然使用以化石燃料为主的发电形式。

地球上的垃圾越来越多，日益破坏着我们的环境，科学家就想了一个好办法——利用垃圾发电，这样不仅减少了垃圾，还给我们提供了电能，可谓一举两得。

我的环保笔记

垃圾发电是指通过特殊的焚烧锅炉燃烧城市固体垃圾，再通过蒸汽轮机发电机组发电的一种发电形式。垃圾发电分为垃圾焚烧发电和垃圾填埋气发电两大类。

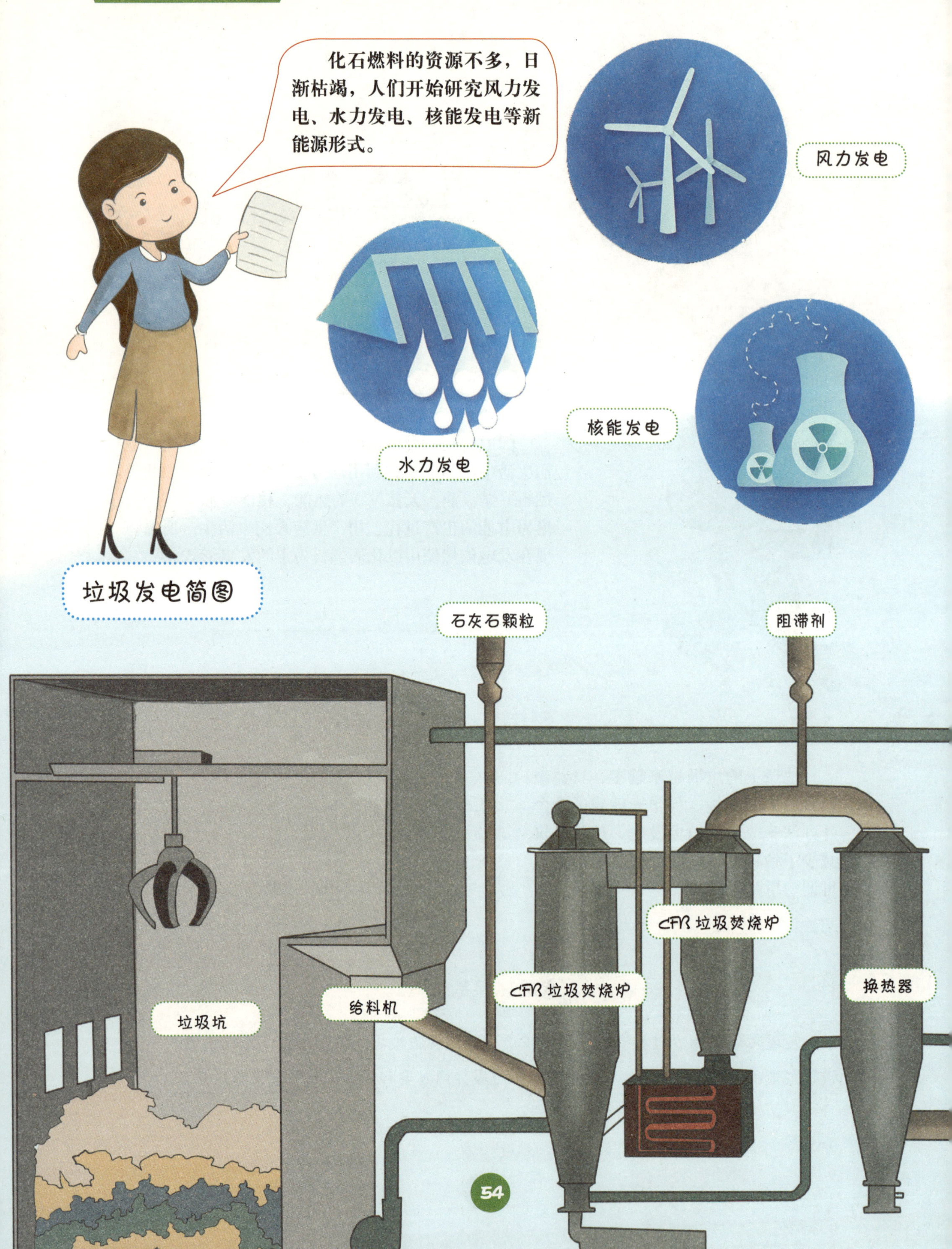
化石燃料的资源不多，日渐枯竭，人们开始研究风力发电、水力发电、核能发电等新能源形式。
风力发电
水力发电
核能发电
垃圾发电简图
石灰石颗粒
阻滞剂
CFB垃圾焚烧炉
CFB垃圾焚烧炉
换热器
给料机
垃圾坑

电是宝贵的能源，我们平时要养成节约用电的习惯。

豆豆的节电小妙招：

电视机把亮度开小些，不仅节能，还能延长使用寿命。
空调设定温度适当调高，多用睡眠状态。
家里没人的房间要关灯。

你有哪些节约用电的好方法呢？跟大家分享一下吧！

3. 节约粮食 光盘行动!

豆豆，你知道每年的10月16日是世界粮食日吗?

粮食是农民伯伯千辛万苦种出来的，需要经过很多劳动加工才能成可口的食品，我们要爱惜粮食……

我国用占世界耕地面积比重较少的耕地养活着占世界人口总数较多的人口，目前我国约有13亿人口，要解决这么多人的吃饭问题是摆在国家面前的重大挑战和艰巨任务，粮食问题是事关国家稳定、人民幸福的大事。节约粮食，杜绝浪费刻不容缓，同学们，我们一起行动吧!

耕地面积 7%

人口比例 22%

是的，粮食是我们生存和健康的必需品，也是我们生存的基本需要。但是在很多国家都存在粮食短缺这一问题，而在我们国家的一些偏远地区也有很多人处于饥饿的边缘。所以我们要尊重别人的劳动，珍惜粮食，做到光盘行动!

联合国人口活动基金组织 20 世纪 80 年代初宣称，当时世界谷物产量可以养活 60 亿人口，可是却有 4.5 亿人挨饿。1995 年，挨饿人数增加到 10 亿！ 1972 年，由于连续两年气候异常造成的世界性粮食歉收，加上一些政治原因，出现了世界性的粮食危机，据联合国粮食及农业组织透露：贫困困扰着大约 10 亿人，而约占世界人口 10% 的 5 亿多人营养不足，其中约 5 000 万人面临饥饿的困境。

平平，粮食是农民伯伯费了很多辛苦种出来的，我们不应该浪费粮食哟！

是呀，我要号召人们珍惜粮食。

珍惜粮食 从我做起：

______

______

______

______

古代有很多劝人珍惜粮食的名言名句，如“谁知盘中餐，粒粒皆辛苦”“一粥一饭当思来之不易，半丝半缕恒念物力维艰”，如果让你写一句话来号召人们珍惜粮食，你会怎么写呢？

______

______

4. 你想要过低碳生活吗？

我的环保笔记

所有能够降低二氧化碳排放的方式都可以统称为低碳，包括工业生产上的节能减排、建筑的绿色设计、汽车的节能等。

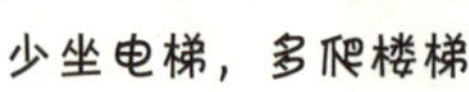

生活误区：

厕纸是纸，也可回收

厕纸、卫生纸遇水即溶，不算可回收的“纸张”，类似的还有陶瓷用品、烟盒等。

那我能为低碳环保做些什么呢？

你知道低碳环保该怎么做吗？写下你的做法吧！

1. ______________________

2. ______________________

3. ______________________

4. ______________________

5. 做个绿色消费者！

平平，你在平时的消费过程中会注重环保吗？

我的环保笔记

绿色消费也称可持续消费，是指一种以适度节制消费，避免或减少对环境的破坏，崇尚自然和保护生态等为特征的新型消费行为和过程。

1. 拒绝使用一次性筷子

2. 不购买过度包装的物品

3. 经常骑单车出行

你有哪些绿色消费行为呢？跟大家分享一下吧！

●项目一：节电一小时

同学们，过量二氧化碳排放导致的气候变化目前已经极大地威胁到地球上人类的生存。我们只有采取积极的节能减排的态度，才能减轻这一威胁对世界造成的影响。请和爸爸妈妈一起参与“地球一小时”的活动吧，并将你们的活动方案和活动感悟写下来吧！

● **项目目标：** 体验没有电的感受，树立节能减排的生活意识，“小手拉大手”带动父母一起参与到环境保护当中。

● **适用年级：** 小学低年级

地球一小时：

“地球一小时”是世界自然基金会应对全球气候变化所提出的一项全球性节能活动，提倡于每年3月的最后一个星期六当地时间晚上20:30，家庭及商界用户关上不必要的电灯及耗电产品一小时，以此来表明他们对应对气候变化行动的支持。

你们如何准备活动呢？

活动结束了，你有什么感悟呢？

算一算：

你知道吗？节约1度（1千瓦时）电＝节约了0.4千克标准煤＋减少污染排放0.272千克碳粉尘 +0.997 千克二氧化碳 +0.03 千克二氧化硫 +0.015 千克氮氧化物。

在家长的帮助下，根据你家每月平均使用的电量，算一算参与“节电一小时”活动你为环境作了多少贡献（节约了多少千克的煤，减少了多少千克的碳粉尘，减少了多少千克二氧化碳、二氧化硫和氮氧化物的排放）？将计算过程写在下面。

项目二：制作海水淡化简易装置

随着未来人口的增长、工业的发展、城市化进程加快、气候变化等因素的影响，淡水资源紧缺将日益加剧，因此我们不得不考虑从广阔的海洋提取水资源，如何将海水变成淡水资源呢？下面我们就一起制作一个海水淡化简易装置吧，看看它是如何将海水变成淡水的？以此来探究海水淡化和水资源短缺的问题！

项目目标： 学会动手制作简易的海水淡化装置，观察海水淡化过程，由此启发，进而培养解决问题、科学探究和动手实践能力，提升环保意识。

适用年级： 小学中年级

材料准备：
海水淡化套材、食盐、水杯、实验用手套、小手钳、火柴、酒精、酒精灯

制作步骤：

1. 利用螺丝固定好支架。

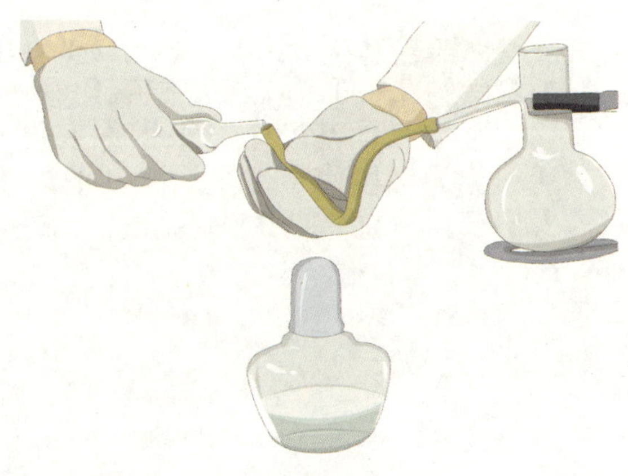

2. 使用胶套对试管进行连接。

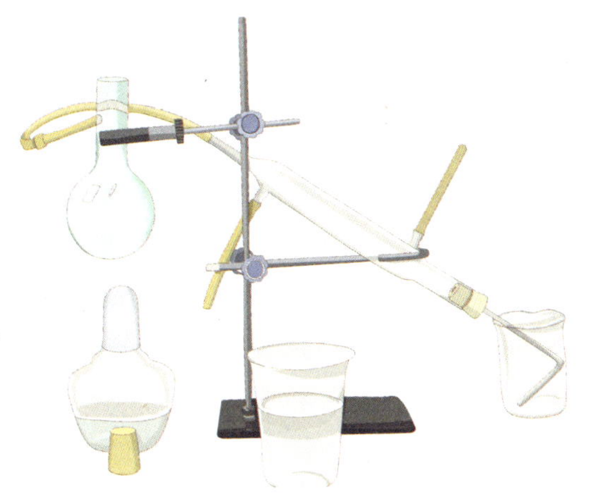

3. 将烧瓶和试管一起固定。

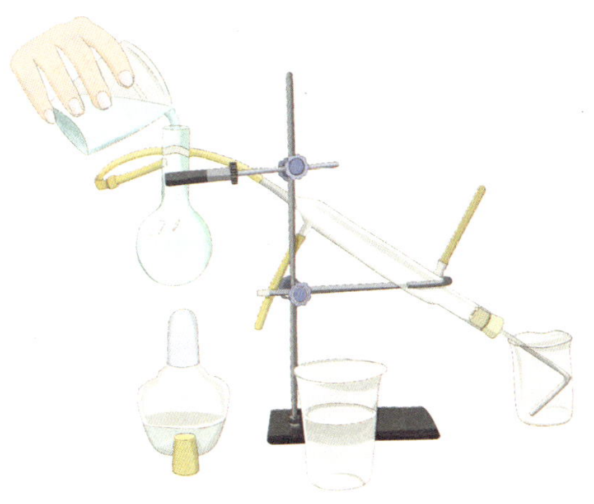

4. 在烧瓶内倒入海水。

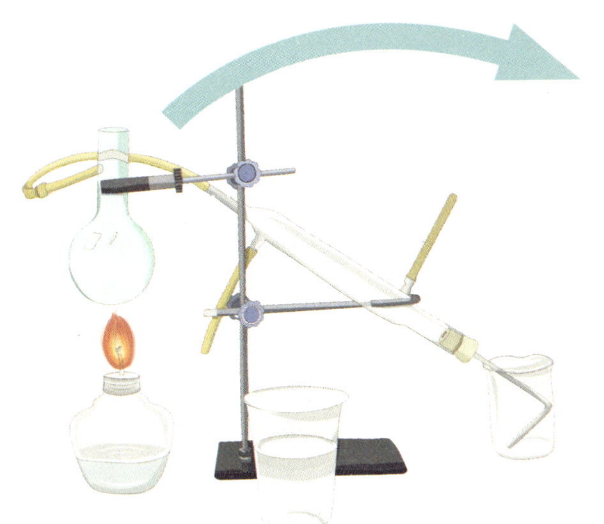

5. 点燃酒精灯，观察海水蒸馏过程。

简易装置完成了，实验也做完了，你们的实验成功吗？

实验成功的地方	需要改进的地方

脑洞大开：

同学们，你能想到哪些能够解决未来缺水危机的方法呢？跟大家分享一下吧！

项目三：绿色出行地铁游

同学们，乘坐地铁是一种绿色低碳的出行方式，你们想不想进行一次绿色出行地铁游呢？请在班会上以小组为单位，集体讨论、规划出行方案，并设计地铁游路线图，按你们的出行方案和路线图开始出游吧！

项目目标： 感受地铁的便利、环保，树立公共出行的理念，体验低碳环保的意义。

适用年级： 小学高年级

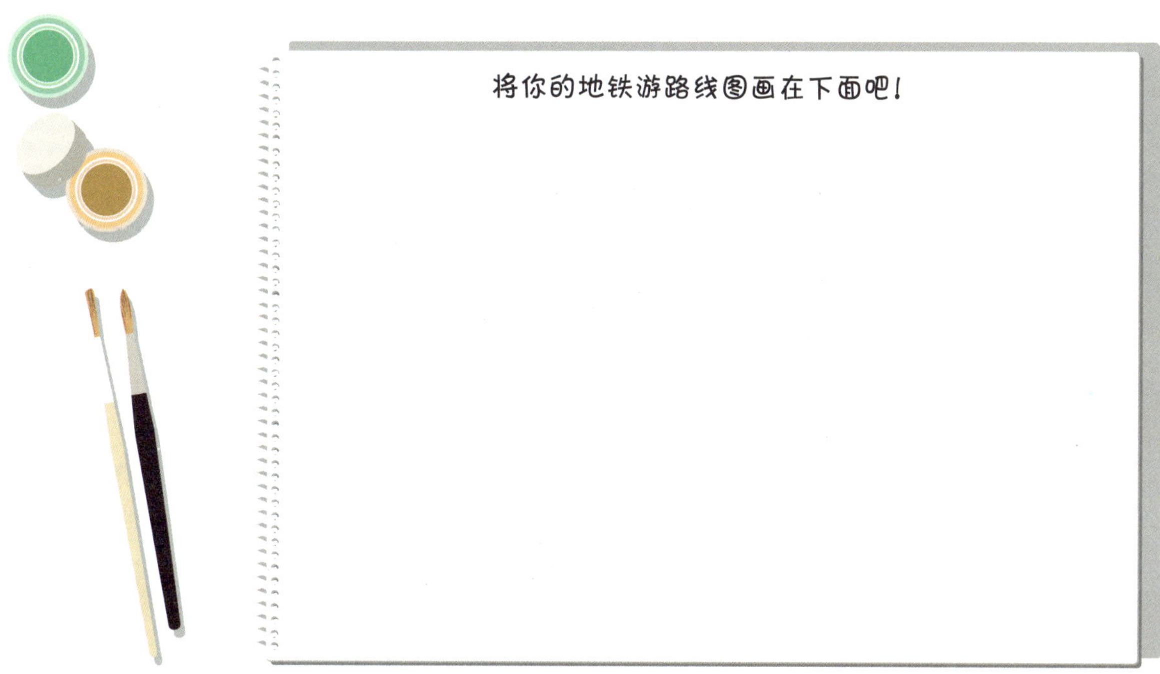

地铁游结束了，你们对这次绿色旅游出行一定有很多感受吧！请把你的感想分享给大家吧！

____

____

____

____

同学们，除了上述实践活动外，你们平时还参加过一些厉行节约的其他的日常环保活动吗？将你们在日常中厉行节约的环保行为记录下来吧！

每完成一项活动，学校要在“我的成果”照片展示区盖一个环保公章哦！

我的成果：

我的环保记录：

____

____

____

____

____

我的成果：

我的环保记录：

我的环保记录：

我的成果：

我的成果：

我的环保记录：

我的成果：

我的环保记录：

我的环保记录：

我的成果：

我的成果：

我的环保记录：

我的成果：

我的环保记录：

我的环保记录：

我的成果：

我的成果：

我的环保记录：

每个单元主题结束，我们都会为参与相关环保活动的同学颁奖哦！参与的活动越多，你就可能获得“环保十佳标兵”荣誉哦，下面就是我们的评价规则：

参加一个活动得一颗☆，再多参加一个活动就多得一颗☆，即2颗☆。得☆总数3颗，你就是“环保小卫士”！得☆总数6颗，你就是“环保小能手”！得☆总数8颗，你就是“环保小达人”！得☆总数10颗，你就是“环保十佳标兵”！

☆☆☆ 环保小卫士

☆☆☆ 环保小能手

☆☆ 环保小达人

☆☆ 环保十佳标兵

第四单元

我和大自然做朋友

wo he da zi ran zuo peng you

豆豆的发现

天呀！这是什么地方？臭死了！湿地？我记得湿地是很漂亮的！

豆豆的环保百科

1. 动物会消失吗？

豆豆，你喜欢小动物吗？

我以前看到大恐龙的照片，特别喜欢，但是恐龙已经灭绝了。我还喜欢大熊猫，但是大熊猫数量也在减少，所以需要我们好好保护动物，不然我们的子孙后代以后就见不到熊猫了。

豆豆竟然以为恐龙是小动物！

但是很多动物都已经消失了，在远古的时候，大约每3000年，无脊椎动物就会形成一个新的物种，每3000年会灭绝一个物种。在3500年前—100万年前，鸟类当中平均每300年灭绝1种，100万年前至几千年前，平均50年灭绝1种，最近300年，平均两年灭绝5种，20世纪后，约每年灭绝1种。

新疆虎，原产罗布泊和塔里木河下游，1916年由斯文见于罗布泊、库尔勒。瑞典探险家斯文·赫定在其《罗布泊探险》一书中对当地人描述虎的遗骸被蚁类吞噬的情景进行了记述。

普氏野马，又名蒙古野马。1881年，俄国的普尔热瓦尔斯基在新疆发现，将其定名为普氏野马。1890年，一位德国人从中国捕到52匹野马，长途贩运到汉堡后，仅剩28匹，其中的8匹繁殖了后代。但真正野马的最后一次观察记录在20世纪60年代，此后再无踪迹。

豚鹿，我国仅在云南耿马和西盟县边界发现过。科学家在20世纪60年代调查时仅仅发现了屈指可数的几只，80年代再做调查时豚鹿已绝迹。

白头鹳是一种大型涉禽，集群生活在沿海及内陆沼泽、泛洪区。从20世纪50年代后就一直无野生报道，因此断定，中国境内可能灭绝。

镰翅鸡分布于小兴安岭及黑龙江下游，国外见于西伯利亚。1986年、1987年调查时，已无踪影。2000年新华社发布消息，黑龙江动物所经5年调查，没有发现镰翅鸡，当地老百姓也已几十年没有见到过了。

我的环保笔记

动物受到威胁的主要原因：

1. 大面积森林采伐、火烧和农垦。
2. 草原过度放牧和垦殖。
3. 动物的过度利用。
4. 城市污染。
5. 全球变暖。
6. 人类的捕杀。

我的环保笔记

怎样保护野生动物呢？

1. 不干扰动物自由的生活。
2. 不购买野生动物制品。
3. 不吃野味。
4. 不饲养野生动物。
5. 不虐待野生动物。

同学们，你们还知道别的保护动物的方法吗？

2. 如果植物不会呼吸，我们怎么办呢？

豆豆，植物会呼吸吗？

植物是会呼吸的，植物的呼吸就是我们说的光合作用。光合作用，即光能合成作用，是植物、藻类和某些细菌，在可见光的照射下，经过光反应和暗反应，利用光合色素，将二氧化碳（或硫化氢）和水转化为有机物，并释放出氧气（或氢气）的生化过程。光合作用是一系列复杂的代谢反应的总和，是生物界赖以生存的基础，也是地球碳氧循环的重要媒介。

阳光

二氧化碳

氧气

水

无机物

1. 保护环境，维持生态系统，改善人们的生活居住环境。
2. 治理沙化耕地，控制水土流失，防风固土，增加土壤蓄水能力。
3. 自动的调温器，夏日树荫下气温比空地上低 10 摄氏度左右，冬季又高 2-3 摄氏度。
4. 制造氧气，树叶进行光合作用吸收二氧化碳，并制造人体所需的氧气。
5. 天然除尘器，树叶上长着许多细小的茸毛和黏液能吸附烟尘中的碳、硫化物等有害微粒，还有病菌、病毒等有害物质，大量减少和降低空气中的尘埃。
6. 净化空气，改善生态环境降温增湿，调节环境空气的温度和湿度。
7. 消减噪声。

原来植物的作用这么大，植物被破坏了会怎么样呢？

植物破坏严重就没办法“呼吸”，不会“呼吸”，就无法进行光合作用。

植物被破坏后：

1. 生物的多样性丧失。

2. 全球气候调节能力减弱，温室效应加剧。

3. 引起水土流失、土壤沙化等现象。

我的环保笔记

我国的原始森林已经不多了，它们主要集中在东北、西南天然森林区。按森林外貌划分，针叶林和阔叶林面积约各占一半，剩下只有一小部分为针阔混交林。

3. 湿地是地球的肾吗？

豆豆，湿地是什么样子的？

湿地指天然或人工形成的沼泽地等带有静止或流动水体的成片浅水区，还包括在低潮时水深不超过6米的水域。湿地生态系统中生存着大量动植物，很多湿地被列为自然保护区。

我的环保笔记

我国湿地面积占世界湿地的10%，大约有6600万公顷，位居亚洲第一位，世界第四位。

我们常见的湿地有哪些呢？它们有什么作用？
我们常见的湿地有：沼泽地、泥炭地、浅水湖泊、河滩、海岸滩涂和盐沼等。湿地在水利方面有很重要的作用，具有湿润气候、净化环境、蓄水、调节河川径流、补给地下水等作用。湿地还是水生动物、两栖动物、鸟类和其他野生动物的重要栖息地。

湿地是地球的肾，是全球价值最高的生态系统，据联合国环境规划署权威研究数据表明：1 公顷湿地生态系统每年创造的价值高达 1.4 万美元，是热带雨林的 7 倍，是农田生态系统的 160 倍。

我的环保笔记

世界十大湿地

1. 潘塔纳尔沼泽地。
2. 孙德尔本斯三角洲。
3. 奥卡万戈三角洲。
4. 佛罗里达的大沼泽地。
5. 喀拉拉邦水乡。
6. 卡卡杜国家公园。
7. 湄公河三角洲。
8. 圣卢西亚湿地公园。
9. 瓦素尔国家公园。
10. 卡玛格湿地。

4. 自然保护区——生物物种储备库。

我的环保笔记

我国对自然保护区是这样定义的：自然保护区是指对有代表性的自然生态系统、珍稀濒危野生动植物物种的天然集中分布区、有特殊意义的自然遗迹等保护对象所在的陆地、陆地水体或者海域，依法划出一定面积予以保护和管理的区域。

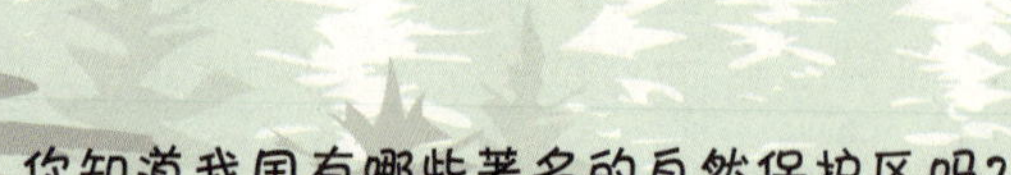

你知道我国有哪些著名的自然保护区吗？

1956年，在广东省肇庆市建立了我国第一个自然保护区——鼎湖山自然保护区。截至2018年，我国已经建成2 750个自然保护区，其中国家级自然保护区469个。

这些保护区的建立为我国许多濒危生物物种提供了庇护所和储备库，为我们研究自然生态系统提供了场所，对我国自然生态的保护意义重大。

知识链接：

为了保护自然环境和自然资源，为人们游憩、疗养、避暑、文娱、科研提供良好的环境，我国还建立了许多森林公园。奥林匹克森林公园位于北京中轴延长线的最北端，占地约680公顷，是亚洲最大的城市绿化景观。

保护区为珍稀动物提供了庇护所，根据你的了解，将下面的动物和其栖息的自然保护区连线。

扎龙自然保护区	金钱豹
阿尔金山自然保护区	猕猴
卧龙自然保护区	中华秋沙鸭
西双版纳自然保护区	黄腹角雉
历山自然保护区	亚洲象
长白山自然保护区	藏野驴
神农架自然保护区	丹顶鹤
武夷山自然保护区	大熊猫

·项目一：和动物做朋友

同学们，动物和我们人类一样都是大自然生态系统的一部分，它们是我们人类赖以生存的朋友，让我们跟动物做朋友吧。请你和父母一起照顾一只你喜欢的小动物，学会和动物相处，并分享你跟小动物做朋友的故事。

你喜欢什么动物呀？说说你跟动物做朋友的故事吧！

- **项目目标：** 培养关爱动物和动物和谐相处的爱心和耐心，以及热爱自然的环保意识。
- **适用年级：** 小学低年级

我和动物做朋友

你跟你照顾的动物朋友一定有很多温馨感人的画面吧，把你们相处的照片分享在上面吧！

项目二：种一棵植物

同学们，跟动物一样，植物也是我们的朋友，我们的衣食住行等各个方面都离不开植物的帮助，为了更好地认识植物，保护植物，请你种植一棵植物吧！

项目目标： 通过种植植物，了解植物的生长过程，进一步认识植物，培养动手实践能力和爱护自然的意识。

适用年级： 小学中年级

小贴士

种植植物时，先要查找资料或请教有经验的人了解所种植物的特性。种植植物是一件考验一个人的耐心、爱心和意志力的事情，同学们，给自己加加油吧！

我的植物种植记录

种植人			
你种了什么植物			
这种植物需要什么样的生长环境			
你是怎么种植植物的（种植过程）			
把你的收获写下来吧			

同学们，让我们跟植物一起成长吧，把你种植植物的不同阶段的美好片段和心里感受记录在下面吧。

图片分享

植物日记

图片分享

植物日记

图片分享

植物日记

项目三：湿地调查活动

湿地调查：你知道“华北之肾”在哪里吗？中国最大的湿地是什么？北京有哪些湿地公园？请查阅资料，找到这些问题的答案。

项目目标： 了解湿地的称谓、作用等科学知识，知道我国湿地的一些情况。

适用年级： 小学高年级

1. 你知道“华北之肾”在哪里吗？

…………………………………………

2. 中国最大的湿地是什么？

…………………………………………

3. 北京有哪些湿地公园？

…………………………………………

小调查：

请你选择一座北京的湿地公园展开调查，根据你了解到的情况填写右边的表格。

<table>
<tr><td rowspan="2">公园名称</td><td colspan="2"></td></tr>
<tr><td colspan="2"></td></tr>
<tr><td rowspan="2">人文历史</td><td colspan="2"></td></tr>
<tr><td colspan="2"></td></tr>
<tr><td rowspan="3">地理环境</td><td>地理位置</td><td></td></tr>
<tr><td>地质地貌</td><td></td></tr>
<tr><td>气候</td><td></td></tr>
<tr><td rowspan="2">自然资源</td><td>动物资源</td><td></td></tr>
<tr><td>植物资源</td><td></td></tr>
<tr><td>生态功能</td><td colspan="2"></td></tr>
</table>

我的日常环保

同学们，除了上述实践活动外，你们平时还参加过一些其他的热爱自然的环保活动吗？将你在日常活动中保护生态环境和自然和谐相处的行为记录下来吧！

每完成一项活动，学校要在“我的成果”照片展示区盖一个环保公章哦！

我的成果：

我的环保记录：

我的成果：

我的环保记录：

____

____

____

____

____

我的环保记录：

____

____

____

____

____

我的成果：

我的成果：

我的环保记录：

____

____

____

____

____

我的成果：

我的环保记录：

____

____

____

____

____

我的环保记录：

____

____

____

____

____

我的成果：

我的成果：

我的环保记录：

____

____

____

____

____

我的成果：

我的环保记录：

我的环保记录：

我的成果：

我的成果：

我的环保记录：

每个单元主题结束，我们都会为参与相关环保活动的同学颁奖哦！参与的活动越多，你就可能获得“环保十佳标兵”荣誉哦，下面就是我们的评价规则：

参加一个活动得一颗☆，再多参加一个活动就多得一颗☆，即2颗☆。得☆总数3颗，你就是“环保小卫士”！得☆总数6颗，你就是“环保小能手”！得☆总数8颗，你就是“环保小达人”！得☆总数10颗，你就是“环保十佳标兵”！

环保十佳标兵

环保小达人

环保小能手

环保小卫士

扫码看轻课®

xin neng yuan

驱动新未来

gu dong xin wei lai

新能源

豆豆的发现

你看，那就是风力发电的风车，是不是很壮观？

豆豆的环保百科

1. 最受欢迎的是太阳能吗？

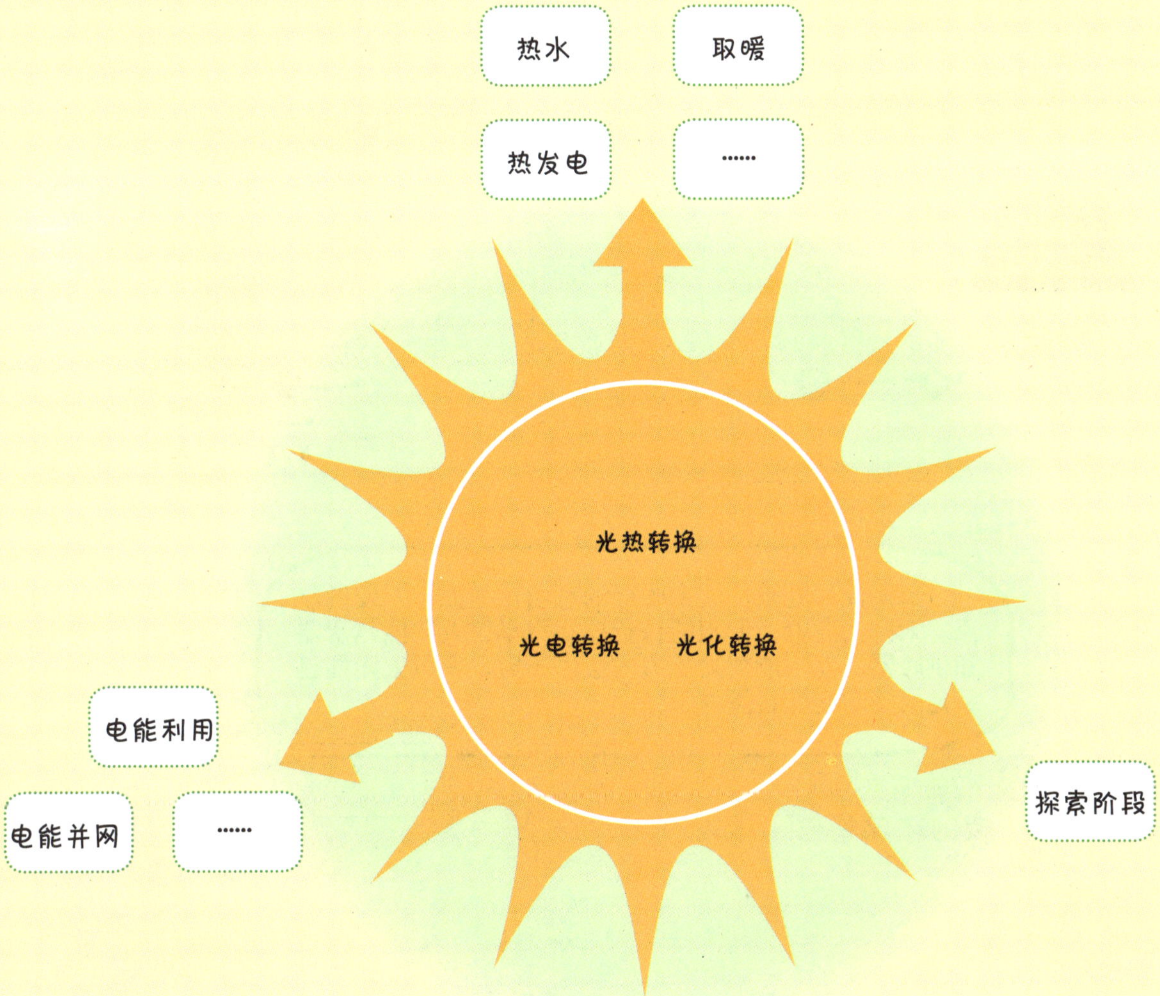

热水

取暖

热发电

……

光热转换

光电转换

光化转换

电能利用

电能并网

……

探索阶段

太阳的能量是什么呢？太能还能使用吗？

太阳的能量一般是指太阳光的辐射能量，在我们的生活中，一般用于发电。太阳能的利用一般分为被动式（光热转换）和电光转换两种。所以太阳不能直接使用，但是太阳能可以被我们使用，它是哪一种新型能源。

生活误区：

误区：太阳能在阴天或冷的地方会罢工

阴暗寒冷的确会降低太阳能电池板产生的力量，但它仍然会产生足够的能量可供使用。比如，德国不是一个阳光明媚和温暖的地方，但是太阳能领域全球领先。

太阳能用处很广。太阳能的利用是新能源开发的起点。太阳能发电、太阳能自行车和汽车、太阳能热水器和供暖器、太阳能炉灶等方式层出不穷，所以太阳能已经是最受欢迎的新能源了！

我的环保笔记

太阳能的特点：

1. 储量的“无限性”：太阳每秒钟放射的能量大约是 118 668 千瓦，一年内到达地球表面的太阳能总量折合标准煤共约 12 046 596 千亿吨，是目前世界主要能源探明储量的一万倍。相对于常规能源的有限性，太阳能具有取之不尽，用之不竭的“无限性”。

2. 存在的普遍性：相对于其他能源来说，太阳能对于地球上绝大多数地区具有存在的普遍性，可就地取用。这就为常规能源缺乏的国家和地区解决能源问题提供了美好前景。

3. 利用的经济性：一是太阳能取之不尽，而且在接收太阳能时不征收任何“税”，可以随地取用；二是在目前的技术发展水平下，太阳能利用不仅可能而且可行。

4. 利用的清洁性：太阳能开发利用时几乎不产生任何污染。

我的环保笔记

预计太阳能发电到 2030 年将在世界电力的供应中达到 10% 以上，可再生能源在总能源结构中占到 30%，2050 年太阳能发电将占到 50% 以上，到 21 世纪末太阳能将成为主要能源。

2. 风有能量吗？

豆豆，风好大呀，吹得我都走不了路，大风的力量太可怕了，一点好处都没有。

风是有好处的，它的力量具有双面性。虽然大风会影响我们的部分生活，但是风利用好了也是一种能量——风力，它是空气流动产生的动能，是新能源的一种。风车是利用风力发电的主要方式。

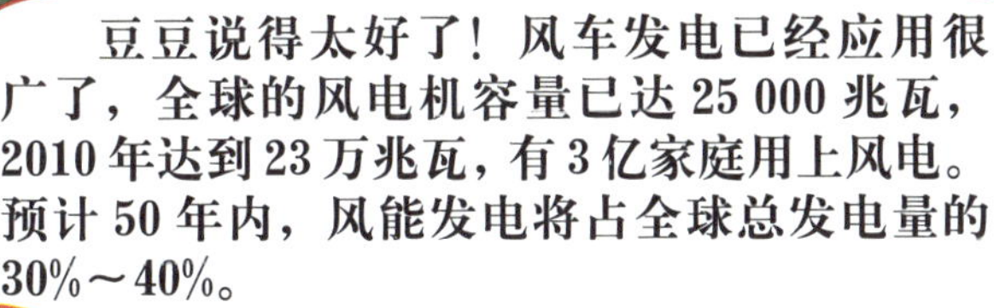

真是太棒了！豆豆，你知道风力发电起源于哪里吗？

这个简单，欧洲是风力发电的起源地！

我的环保笔记

欧洲的风力发电装机能量达 17 300 兆瓦，约占全球风力发电装机总容量的 70%。

注意：

风力发电也需要很多条件，比如需要大量的土地兴建风力发电场，而且风力发电的噪声很大，所以一定要找一些空旷的地方兴建。

我的环保笔记

风能的特点：

1. 无污染。
2. 可再生。
3. 成本低廉。
4. 前景开阔。

我国20%左右的国土面积都有丰富的风能资源，东南海域及其岛屿，以及西北、华北、东北地区有其丰富的风能资源，特别是新疆和内蒙古的风能资源最为丰富。我国的风电装机容量居世界第五位，已经突破600万千瓦，2015年达到1 500万千瓦，到2020年将达到3 000万千瓦。

我国的风力发电的情况如何？

3. 潮汐也能发电吗？

我的环保笔记

1980年，我国建成了第一座双向潮汐电站——江厦潮汐试验电站，是世界上较大的一座双向潮汐电站。

我的环保笔记

我们的地球—太阳—月亮相互间的运动跟潮汐之间有什么样的关系呢？

什么是潮汐能呢？潮汐是怎么转化成能量的，所有的涨潮、落潮都能产生能量吗？

潮汐导致海水平面周期性升降，因海水涨落及潮水流动所产生的能量，我们称之为潮汐能。在涨潮的过程中，汹涌而来的海水具有很大的功能，而随着海水水位的升高，就把海水巨大的动能转化成势能；在落潮的过程中，海水急速奔腾而去，水位逐渐降低，势能又转化为动能。但是一般来说，海水的平均潮差在3米以上就有实际应用价值。

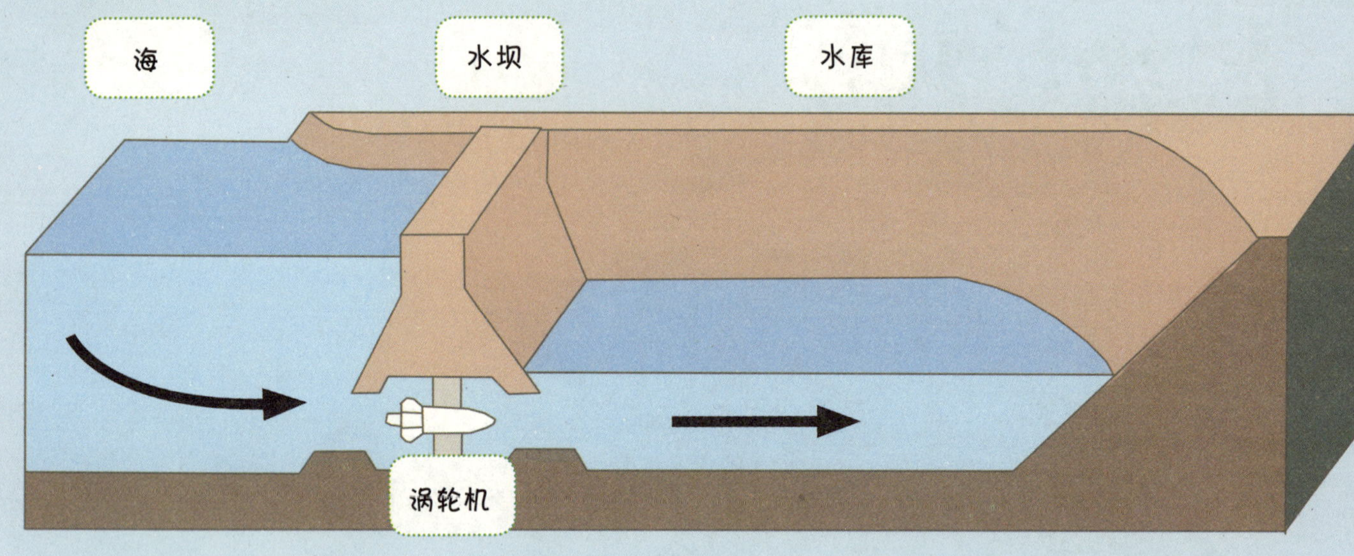

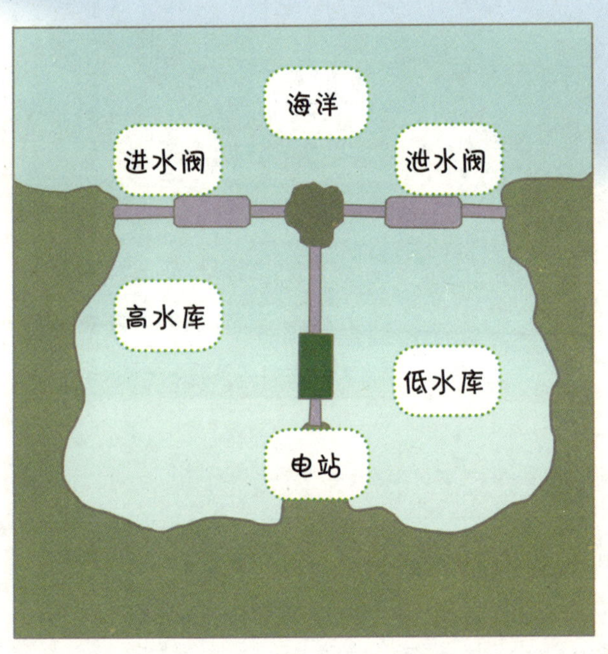

我的环保笔记

你知道世界上潮差最大值是多少吗？

我明白了，人们就是利用潮差来发电的。

人们利用潮汐能的主要方式是发电。但不是有河流的地方都能产生潮差最终能够发电的。

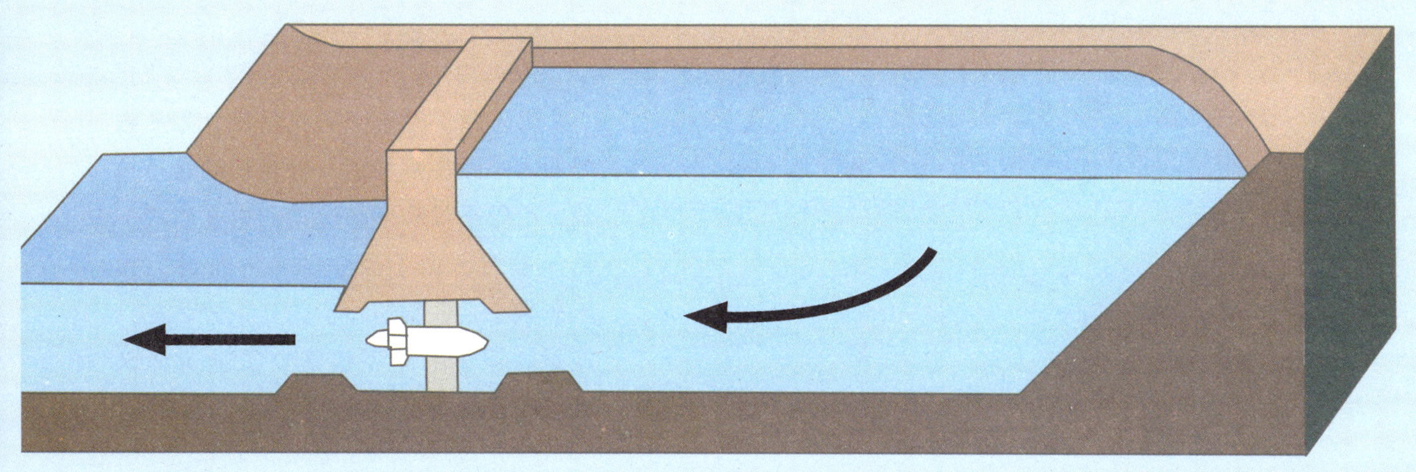

我的环保笔记

潮汐发电和常规水力发电原理一样？

我的环保笔记

我国潮汐能资源的特点：

1. 蕴藏量十分可观。
2. 分布不均。
3. 成本低廉。
4. 沿海各地港湾开发利用难度差异大。

豆豆说得太棒了！潮汐发电只能利用河口、海口等有利地形，建筑水堤，形成水库，以便储备大量的海水，并在坝中或坝旁建造水力发电厂房，通过水轮发电机进行发电的。所以只有出现大潮、能量集中时，并且已经建好潮汐电站的地方，才能从潮汐中提取能量。

4. 一种威力巨大的能源——核能。

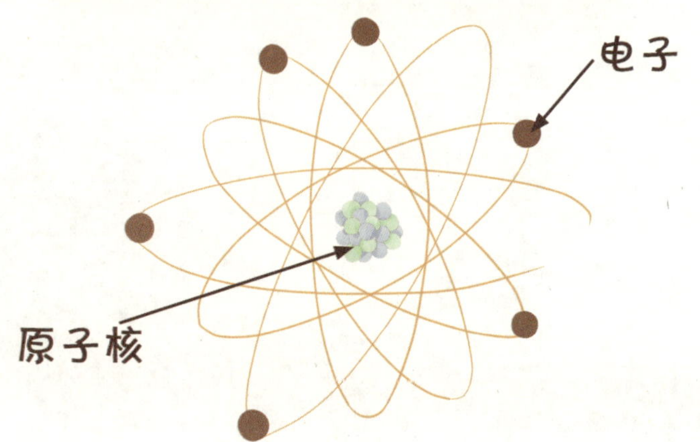

原子能结构示意图

我的环保笔记

核能来源于原子核的核反应，原子核是原子（原子是构成一般物质的最小单位，由原子核和绕核运动的电子组成）的一部分，位于原子的核心部分，体积非常小，占原子体积的几千分之一，但是这极小的原子核集中了99.96%以上的原子质量。

你听说过核能吗？听说它的威力非常大哦！

是呀！核能的威力非常巨大，它又叫原子能，是通过核反应从原子核释放的能量。原子能的应用离不开“核反应堆”，1942年12月在美国芝加哥大学诞生了人类第一台（可控）核反应堆，这开启了人类的原子能（核能）时代。

威力巨大的原子能

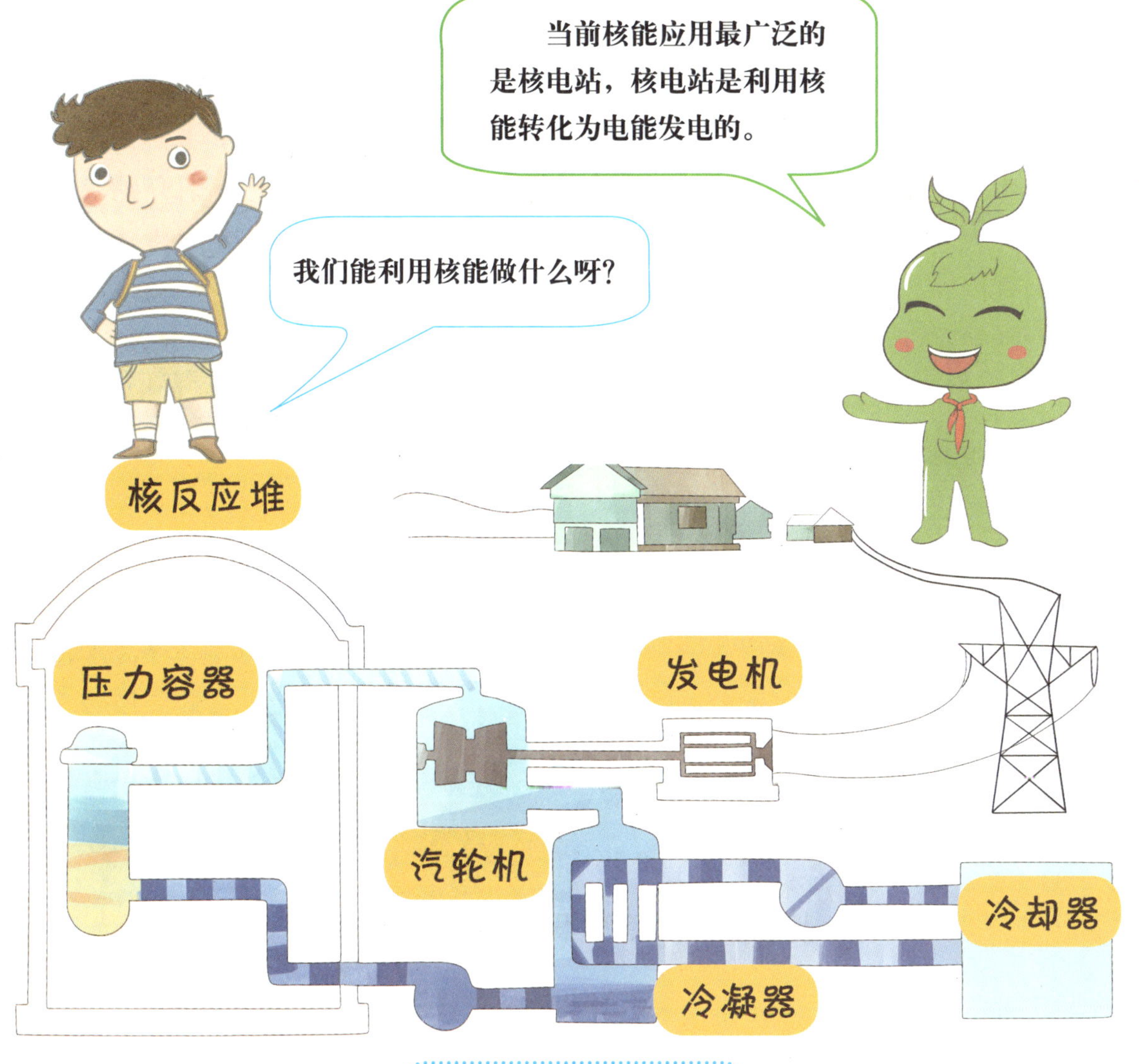

核电站发电流程图

我的环保笔记

核能有哪些优点呢？跟化学能源相比，核能不排放二氧化硫等有害物质，不会造成温室效应；与火电相比，核能发电能大大改善环境；核能是一种经济能源，总发电成本低于燃煤电厂；核能还是一种可持续能源，有的科学家认为“只要解决了核聚变技术，人类将从根本上解决能源问题”。

除了发电，我们还可以利用核能做什么呢？

● 项目一：介绍一种新能源

老师组织一节“新能源驱动新未来”分享交流课，课前让同学们收集资料，在课上分别介绍一种新能源，根据课堂分享在课后制作一张“我所知道的新能源”手抄报。

我的环保笔记

新能源包括：

1. 太阳能。
2. 潮汐能。
3. 氢能。
4. 地热能。
5. 生物能。
6. 核能。
7. 风能。

● **项目目标：** 各小组互相学习，掌握新能源的一些知识。

● **适用年级：** 小学低年级

把你设计的手抄报展示在这里吧！

我所知道的新能源

项目二：制作一个简易的太阳能模型

人类很早以前就利用一些简单的器具来收集太阳能了，现代，人们制造了很多收集太阳能的机械，下面让我们一起制作一个简易的太阳能模型，并探究它是怎么吸收太阳能的。

项目目标： 锻炼动手能力和探究能力，了解收集、利用太阳能的原理。

适用年级： 小学中年级

材料准备：
纸板、锡纸、木片或木条、剪刀、手工锯、白胶、透明塑料管。

制作步骤：

1. 用木片做一个支架。

2. 用白胶把锡纸粘在纸板上。

3. 调整纸板和锡纸的角度使其呈凹陷的弧形。

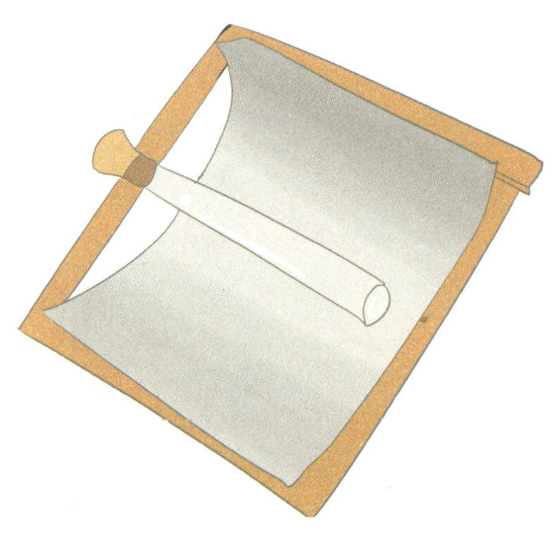

4. 锯两段和玻璃管等长的木片做支架，用胶粘在支架的中部。

5. 在支架和纸板的背后安装一个可调节凹陷弧形角度的立杆。把玻璃管灌满水，放在支架上，调好凹陷弧形的角度使玻璃管正好处在反光板反射阳光的焦点上。

6. 最后一步调节凹陷弧形的角度，只有让阳光的反射焦点在玻璃管上才能出现效果。

你知道这种太阳能模型是怎么收集太阳能的吗？分小组探究太阳能收集利用的原理。

同学们，将你们制作的简易太阳能模型展示在这里吧！

●项目三：一种威力巨大的能源——核能的探究

核能对我们人类来说是一把双刃剑：一方面能造福人类；另一方面也会给我们带来灾难。同学们，请你根据课程里学习到的内容，在老师的指导下，结合问卷调查、小组讨论、实地考察、访谈、上网查找资料等各种方式，做一次“核能”相关的小课题研究吧！

● **项目目标：** 了解核能相关的知识，提升科学研究和探究实践能力。

● **适用年级：** 小学高年级

我的课题研究报告

小课题名称			
课题组成员姓名及所在班级		辅导老师	
研究内容			
研究方法			
研究过程			
人员分工			
研究结果			

把你的小课题研究成果做一个PPT，在班会上给大家展示一下吧！

参与这次小课题研究活动，你都有哪些收获呢？

我的日常环保

同学们，除了前面的实践活动外，你平时有乘坐过新能源交通工具、使用过新能源电器、考察过新能源发电厂等参与调查或体验新能源的环保活动当中吗？将你在日常中参与新能源的环保行为记录下来吧！

每完成一项活动，学校要在“我的成果”照片展示区盖一个环保公章哦！

我的成果：

我的环保记录：

____

____

____

____

____

我的成果：

我的环保记录：

我的环保记录：

我的成果：

我的成果：

我的环保记录：

我的成果：

我的环保记录：

我的环保记录：

我的成果：

我的成果：

我的环保记录：

我的成果：

我的环保记录：

我的环保记录：

我的成果：

我的成果：

我的环保记录：

每个单元主题结束，我们都会为参与相关环保活动的同学颁奖哦！参与的活动越多，你就可能获得“环保十佳标兵”荣誉哦，下面就是我们的评价规则：

参加一个活动得一颗★，再多参加一个活动就多得一颗★，即2颗★。得★总数3颗，你就是“环保小卫士”！得★总数6颗，你就是“环保小能手”！得★总数8颗，你就是“环保小达人”！得★总数10颗，你就是“环保十佳标兵”！

环保十佳标兵

环保小达人

☆☆☆

环保小能手

☆☆☆

环保小卫士